Der Werther-Effekt. Theoretische Grundlagen und aktuelle Forschungsergebnisse

Frederike Grunau

Bibliografische Information der Deutschen Nationalbibliothek:

Die Deutsche Nationalbibliothek verzeichnet diese Publikation in der Deutschen Nationalbibliografie; detaillierte bibliografische Daten sind im Internet über http://dnb.d-nb.de abrufbar.

ISBN: 9783346479365
Dieses Buch ist auch als E-Book erhältlich.

Druck und Bindung: Books on Demand GmbH, Norderstedt Germany
Gedruckt auf säurefreiem Papier aus verantwortungsvollen Quellen

Das vorliegende Werk wurde sorgfältig erarbeitet. Dennoch übernehmen Autoren und Verlag für die Richtigkeit von Angaben, Hinweisen, Links und Ratschlägen sowie eventuelle Druckfehler keine Haftung.

Das Buch bei GRIN: https://www.grin.com/document/1112068

Der Werther-Effekt - theoretische Grundlagen und aktuelle Forschungsergebnisse

Inhalt

1. Einleitung

Im Jahr 1774 erschien der Roman „Die Leiden des jungen Werther" von Johann Wolfgang von Goethe. In dem Briefroman schildert der junge Werther seine Gefühle und Erlebnisse in einzelnen Briefen und schickt diese an seinen Freund Wilhelm. Dabei verliebt er sich in Lotte, die bereits mit einem anderen Mann verlobt ist. Doch diese Liebe scheint für ihn hoffnungslos, da seine Gefühle nicht erwidert werden können. Dadurch sieht Werther keinen anderen Ausweg mehr und begeht aus Verzweiflung Selbstmord (vgl. Hipeli & Süss 2013, S. 197).

Nachdem Goethe den Roman veröffentlicht hat, „[...] löste der darin beschriebene Selbstmord der Hauptperson eine ganze Reihe von Suiziden in Europa aus." (Ziegler & Hegerl, 2002, S. 41). Es wurde sogar festgestellt, dass sich einige Nachahmer/innen genauso kleideten wie die Hauptfigur oder den Roman beim Selbstmord dabeihatten. Ein bekanntes Beispiel ist das Mädchen Christine von Lassberg, die sich vier Jahre nach der Veröffentlichung des Buches das Leben nahm. Sie hatte Goethes Werk währenddessen in ihrer Tasche (vgl. ebd. S. 41). Doch dieses Phänomen war nicht zeitgenössisch, sondern existiert bis heute. Es handelt sich hierbei um den „Werther-Effekt".

Die vorliegende Hausarbeit beschäftigt sich mit diesem Thema und untersucht die Wirkungen des Werther-Effekts. Zuerst werden die theoretischen Grundlagen mithilfe der sozial-kognitiven Lerntheorie erklärt und auf das Presseparadox eingegangen. Anschließend werden vier aktuelle Forschungsergebnisse vorgestellt und zum Schluss wird ein Fazit gezogen.

2. Der Werther-Effekt – theoretische Grundlagen

Der Werther-Effekt oder auch Nachahmungseffekt in der Medienwirkungsforschung besagt, dass eine intensive Medienberichterstattung von Suiziden, einen Anstieg der Selbstmordrate in der Bevölkerung auslösen kann. Die Nachahmung erfolgt üblicherweise am selben Ort oder auf die gleiche Weise wie der beschriebene Suizid (vgl. Willems 2008, S. 435). Der Begriff Werther-Effekt stammt von dem amerikanischen Soziologen David Phillips, der in seiner bekannten Studie (1974) den Zusammenhang zwischen Zeitungsberichterstattungen über Suizide von prominenten Personen und über den Anstieg der Suizidrate der Allgemeinbevölkerung untersuchte. In seiner Studie fokussierte er sich auf berühmte Persönlichkeiten, die im Zeitraum von 1947 bis 1967

Selbstmord begingen und über die auf der Titelseite der New York Times berichtet wurde. Hierzu verglich Phillips die Suizidstatistiken des Vorjahrs mit dem des darauffolgenden Jahres der Berichterstattung. Das Ergebnis der Untersuchung war, dass es mit 26 von 33 Selbstmorden einen Anstieg der Suizidrate in der amerikanischen Bevölkerung gab. Dabei ist aufgefallen, dass die Zahl der Selbsttötungen umso höher war, desto bekannter die Person war und desto intensiver in den Medien darüber berichtet wurde (vgl. Phillips 1974, S. 340 ff.). Zudem fand er heraus, dass der Effekt in den Regionen am stärksten war, in denen die Berichte über die Suizide auf den Titelseiten präsentiert wurden. „Auch wenn man jahreszeitliche Schwankungen, Einflüsse von Krieg und Wirtschaftszyklen herausrechnet, bleiben die von Phillips festgestellten signifikanten Effekte erhalten." (Ziegler & Hegerl 2002, S.43).

2.1 Die sozial-kognitive Lerntheorie

Der Werther-Effekt ist eine Nachahmungstat und wird in vielen Studien mit der Theorie des Modellernens oder der sozial-kognitiven Lerntheorie von Albert Bandura erklärt. Die Theorie besagt, dass Lebewesen durch Beobachtung der Handlung anderer Lebewesen lernen können. Sie beschreibt Faktoren, die das Lernen und die Nachahmung fördern. Das Lernen durch Beobachtung ist von großer Bedeutung. Hätten die Lebewesen ihr Wissen nur durch direkte Erfahrung erlernt, würde der Prozess der menschlichen Entwicklung sehr stark verzögert werden und dadurch könnte eine Kultur ihre lebensnotwendigen Kompetenzen nicht an andere vermitteln (vgl. Bandura 2000, S. 157f.). Die Bedeutung der „multiplikativen Kraft" spielt zudem eine große Rolle beim Imitationsverhalten. Denn es kann „[...] im Rahmen des Beobachtungslernens ein einzelnes Modell neue Formen des Denkens und des Verhaltens simultan an eine Vielzahl von Menschen in weit voneinander entfernte Regionen vermitteln." (ebd. S. 158). Infolgedessen haben die Medien, wie beispielsweise das Fernsehen, die Bandbreite der Modelle der Gesellschaft, die sie nutzen, stark erweitert. Dadurch kann symbolisches Lernen sehr schnell verbreitet werden (vgl. ebd. S. 158).

Albert Bandura unterteilt vier Subfaktoren, die festlegen, ob der/die Beobachter/in das Verhalten eines anderen nachahmt: 1. Aufmerksamkeitsprozesse, 2. Prozesse kognitiver Repräsentation, 3. Prozesse der Verhaltensproduktion und 4. motivationale Prozesse. Bei den Aufmerksamkeitsprozessen muss der/die Beobachter/in zuerst das Verhalten des Modells mit ausreichend Aufmerksamkeit enkodieren. Dabei beeinflussen verschiedene

Faktoren die Stärke der Aufmerksamkeit, wie beispielsweise kognitive Fertigkeiten oder die Wertpräferenzen von Beobachter/innen. Wenn das Verhalten noch von einem verbalen Ausdruck begleitet wird, kann die Aufmerksamkeit leichter auf das Verhalten gelenkt werden. Zudem erhöht die Ähnlichkeit wie zum Beispiel in Bezug auf Alter, Geschlecht oder Beruf die Chance das Verhalten näher zu betrachten (vgl. Kiesel & Koch 2012, S. 76f.).

Die 2. Subfunktion ist die kognitive Repräsentation. Dabei sind die Gedächtnisprozesse gemeint, da sie für die Reproduktion des beobachteten Verhaltens notwendig sind. Menschen würden durch beobachtete Ereignisse nicht beeinflusst werden können, wenn sie sich nicht an diese erinnern könnten. Das Nachahmungsverhalten ist die Nutzung von abstrakten Handlungsplänen, die durch die Beobachtung hergeleitet wird. „Das Behalten besteht in einem aktiven Prozess des Transformierens und der Neustrukturierung von Information über Ereignisse mit dem Ziel ihrer Speicherung in Form von Regeln und Konzepten." (Bandura 2000, S. 159).

Die 3. Subfunktion – Prozesse der Verhaltensproduktion – erfordert die notwendigen motorischen Fertigkeiten, um das Verhalten imitieren zu können. Es werden dabei „[...] symbolische Konzeptionen in angemessene Handlungsabläufe übersetzt." (ebd. S. 159). Um sich an das ändernde Umfeld anzupassen, muss sich die Ausführung einer Fertigkeit ständig ändern.

Die letzte Subfunktion ist der motivationale Prozess. Ein/Eine Beobachter/in imitiert das Verhalten nur, wenn er/sie eine entsprechende Motivation dazu hat. Bandura unterscheidet dabei drei Arten von Anreizmotiven, die das Imitationsverhalten verstärken können: die direkte, die stellvertretende und die selbsterzeugte Motivation. Ersteres bedeutet, dass Menschen eher Verhalten nachahmen, wenn sie wissen, dass es zu positiven Ergebnissen geführt hat. Selbst wenn Menschen von anderen erfahren, ob das Verhalten positiv oder negativ ist, wirkt sich dies auf ihre Ausführung aus (vgl. ebd. S. 160). Wenn das Modell für seine Verhaltensweise belohnt oder bestraft wird, dann erhöht oder verringert sich auch die Wiederholung der Nachahmung (vgl. Kiesel & Koch 2012, S. 77f.). Aber auch die selbsterzeugte Motivation führt dazu, dass Menschen selbst regeln können welches Verhalten sie am ehesten tätigen würden.

Albert Bandura charakterisiert dabei drei Lerneffekte: der modellierende Effekt, der enthemmende oder hemmende Effekt und der auslösende Effekt. Ersteres bedeutet, dass Menschen durch das Beobachten völlig neue Verhaltensweisen erlernen. Die enthemmende oder hemmende Wirkung drückt aus, dass das Modell zu einer Hemmung oder Enthemmung bereits vorhandener Reaktionen führt. Modelleinflüsse können dabei das zuvor erlernte Verhalten verstärken oder schwächen. „Ob sich die modellierten Aktivitäten hemmend auf das Verhalten auswirken, wird weitestgehend davon bestimmt, ob Belohnung oder Strafe als Folge der Handlungen beobachtet werden können." (Bandura 1976, S. 13). Wenn Menschen beobachten, wie ein Modell ohne unangenehme Konsequenzen Verhaltensweisen ausführt, die bedrohlich oder verboten erscheinen, und wenn sie bei zuvor unterdrückten Reaktionen eine verbesserte Leistung zeigen, kann eine Enthemmung eintreten (vgl. ebd. S 13 f.) Der auslösende Effekt bezieht sich auf das Verhalten eines Modells, bei dem andere Menschen es unmittelbar nachahmen. Die Reaktionen sind dabei schon bekannt und erlernt worden. Einerseits unterscheidet sich dieser Effekt vom beobachtenden Lernen, da kein neues Verhalten erlernt werden und anderseits unterscheidet er sich von dem enthemmenden Effekt, weil die Reaktion von der Gesellschaft anerkannt wird und daher keine Einschränkungen aufweist (vgl. Bandura 1976, S. 14). Dabei wird der Werther-Effekt in der Medienwirkungsforschung unter anderem mit der enthemmenden Wirkung erklärt. Es gibt verschiedene Faktoren, die die Nachahmung und Enthemmung verstärken. Ein wichtiger Punkt dabei ist die Ähnlichkeit zwischen dem Modell und dem/der Beobachter/in. Doch es kann sogar zu einer Identifikation mit der Person kommen, indem Eigenschaften dieser Person übernommen werden, mit der man sich identifiziert. „Identifikationsprozesse werden durch Merkmale der Mediennutzer, Merkmale der Medienpersonen sowie durch Kontextpersonen beeinflusst." (Döring 2013, S 305 f.).

2.2 Zusammenhang der Suizidberichterstattung und des Werther-Effekts

Die Existenz des Werther-Effekts lässt sich besonders in der Presseberichterstattung bestätigen. Offizielle Richtlinien zur Suizidberichterstattung sind in den meisten europäischen Ländern nicht vorhanden oder verbesserungswürdig. Im Deutschen Pressekodex gibt es keine direkte Lösung für den Werther-Effekt, der Schutz der Privatsphäre wird hier stärker betont. Vor allem Suizide von prominenten Personen werden oft umfangreich in den Medien behandelt. Dabei gibt es bestimmte Inhalte in der

6

Berichterstattung, die transportiert und nachgeahmt werden und daher vermieden werden sollten (vgl. Ziegler & Hegerl 2002, S. 47).

Ein erwähnter Inhalt ist die Nennung des Ortes, an dem der Suizid begangen wurde. Wie aus den Medienberichterstattungen hervorgeht, hat jede größere Stadt einige bevorzugte Suizidorte (vgl. Brosius & Ziegler 2001, S.14 ff.). „Diese präferierten Lokalitäten sind den Suizidenten in den meisten Fällen vorher nicht aus eigener Anschauung bekannt, sondern wurden ihnen erst über die Berichterstattung der Medien als sichere, aufsehenerregende und bewährte Suizidorte vermittelt." (ebd. S. 17). Neben der Nachahmung von bestimmten Suizidorten, liefern die Berichterstattungen auch über Suizidmethoden konkrete Anschauungsmuster für Imitationsverhalten. Eine genaue Vorgehensweise der Tat oder sogar ein Foto davon auf der Titelseite einer Zeitung kann zu einer Verbreitung und Nachahmung dieser Methode führen. Ein bekanntes Beispiel war die Medienberichterstattung über den Selbstmord des Politikers Uwe Barschel. Durch die Schlagzeile „Tod in der Badewanne" und der genauen Beschreibung der Methode stellte man nach der Veröffentlichung einen hohen Anstieg der Suizide in der Badewanne fest (vgl. ebd. S. 17). Aber auch der Charakter und die Lebenssituation der Suizidenten können als mögliche Nachahmungsmuster verstanden werden. Wie in der oben erwähnten Phillips-Studie, ist es umso wahrscheinlicher, dass ein Selbstmord zu einem Anstieg der Selbstmordrate der Bevölkerung führt, je beliebter die prominente Person war und je emotionaler sie mit den Lesern/innen waren (vgl. Phillips 1974, S. 352). Besonders durch Idealisierung und Heroisierung können mögliche Nachahmer/innen ermutigt werden. Beispielsweise wurde der Suizid von Marilyn Monroe in der Presse als verständlicher Ausweg und stiller Protest dargestellt, da sie oft als zu gut für die raue Hollywoodwelt abgebildet wurde. In den Medien wurde sie als emotionale und sensible Frau wahrgenommen, die zum Opfer der harten Filmindustrie wurde. Nach der Glorifizierung ihres Suizides in den Medienberichterstattungen stieg die Suizidrate in der Bevölkerung stark an (vgl. Ziegler & Hegerl 2002, S. 45).

Zusammenfassend lässt sich sagen, dass auf detaillierte Angaben zum Suizidort, der Suizidmethode, zur biologischen und sozialen Identität und Bewertung des Suizides in den Medien verzichtet werden sollte. Der Suizid sollte so abstrakt beschrieben werden, dass es kein Anschauungsmaterial mehr aufweisen kann (vgl. Ziegler & Hegerl 2002, S.44 ff.). Aber diese Regeln widersprechen fast allem, was Journalisten/innen in der

Ausbildung gelernt haben. Laut den Grundregeln des Journalismus sollte ein Bericht detailliert, anschaulich, spannend und aufmerksamkeitserregend sein. Somit steht eine suizidpräventive Berichterstattung in einem extremen Widerspruch zu den journalistischen Grundregeln (vgl. ebd. S. 47)

3. Aktuelle Forschungsergebnisse

Nachdem die theoretischen Grundlagen des Werther-Effekts beschrieben wurden, beschäftigt sich das nächste Kapitel mit den aktuellen Forschungsergebnissen. Es werden vier Studien vorgestellt, welche die Empfehlungen der Suizidberichterstattungen und die Auswirkung eines Suizides in den Medien untersuchten.

3.1 Presseberichterstattung über den Suizid von Robert Enke und Entwicklung der Suizidzahlen

Schäfer und Quiring (2013) überprüften mittels quantitativer Inhaltsanalyse, ob die deutschen Medien in ihren Artikeln zum Tod des Nationaltorwarts Robert Enke bestehende Empfehlungen zur Suizidberichterstattung aufgenommen haben. Nachdem der Torhüter Selbstmord begangen hatte, berichtete die Süddeutsche Zeitung über den „Enke-Effekt", da die Selbstmordrate nach seinem Tod drastisch anstieg. Die Ursache dafür sollte die ausführliche Berichterstattung in den Medien gewesen sein. Um herauszufinden, ob dies wahr ist, formulierten die beiden Untersucher zwei Forschungsfragen: „Werden die Empfehlungen der Richtlinien zur Suizid-berichterstattung in der deutschen Presseberichterstattung zum Suizid von Robert Enke eingehalten? Sind im Verlauf der Berichterstattung zum Suizid von Robert Enke Veränderungen in den Suizidzahlen feststellbar?" (Schäfer und Quiring 2013, S. 146). Einige Organisationen fordern einen richtigen und verantwortungsvollen Umgang mit Suizidmeldungen unter besonderer Berücksichtigung der ethischen Aspekte. In der Studie wird sich auf die Analyse der deutschen Berichterstattung konzentriert.

Für die Untersuchung wurden die Nachrichtenmagazine *Spiegel* und *Stern*, die Tageszeitungen *Frankfurter Allgemeine* und *Süddeutsche Zeitung*, die Boulevardzeitungen *Bild*, die Wochenzeitung *Zeit* und die *Bunte* als Publikumszeitschrift genutzt. Das Codebuch beinhaltete formale und inhaltliche Empfehlungen der Suizidrichtlinien. Alle einzelnen Artikel über Robert Enkes Selbstmord, die innerhalb von 21 Tagen nach seinem Tod (11. November bis 1. Dezember 2009) in den Medien veröffentlicht wurden, kamen für die Studie infrage (vgl. Schäfer & Quiring 2013, S. 147).

Wie erwartet, konnte kein Artikel alle Vorgaben erfüllen. Die Untersuchung wurde in die vorgenannten Kategorien Aufmerksamkeit, Modell, Motivation und ethische Aspekte aufgeteilt. In der 1. Kategorie hielt man sich am wenigsten an die Empfehlungen der Berichterstattung. Über den Suizid des Torwarts wurde medienübergreifend, wiederholt und umfassend berichtet. Auffallend ist, dass vor allem die Boulevardzeitung in der ersten Woche am intensivsten darüber informierte. Mehr als die Hälfte der Artikel sind zudem auf der Titelseite platziert worden und beinhalten ein oder mehrere Bilder des Verstorbenen. Im Bereich „Modell" fanden Schäfer und Quiring heraus, dass überwiegend detailliert über die Person Robert Enke berichtet wurde. Erstaunlich ist, dass in fast jedem fünften Artikel die Suizidmethode genannt wurde und das in fast 15% der Artikel der Suizidort veröffentlicht wurde, obwohl dies gegen die Richtlinien spricht. Man bot zwar Alternativen und Hilfsangebote in einigen Artikeln an, aber konkrete Unterstützungen wie beispielsweise Telefonseelsorge oder Adressen fehlten. In der dritten Kategorie „Motivation" beschrieben 14 Artikel die Selbsttötung als keine andere Wahl und 33 Artikel beschrieben Robert Enke als Helden oder Vorbild. In fast einem Drittel der 193 Artikel wurde sich mit der Verantwortlichkeit über den Selbstmord beschäftigt. Dabei berichten 43 Artikel über die Fehler von externen Personen und Umständen und 18 Artikel geben Robert Enke selber Schuld dafür (vgl. ebd. S. 148 ff.). In der letzten Kategorie „ethische Aspekte" wurde in 8% der Artikel über die Ursache des Suizides spekuliert und in 3% der Artikel wurden Zitate aus seinem Abschiedsbrief übernommen.

Zusammenfassend lässt sich die erste Forschungsfrage damit beantworten, dass die Berichterstattung über den Suizid von Robert Enke auffällig, umfangreich, detailliert ist und problematische Eigenschaften aufweist, die den Werther-Effekt begünstigen (vgl. ebd. S 148 ff.).

Für die zweite Forschungsfrage wurde die Entwicklung der Suizidzahlen in der Woche vor (Kontrollwoche) und den vier Wochen nach dem Tod (Untersuchungswoche) mithilfe von Mikrostatistiken untersucht. Das Ergebnis war, dass es nach der Suizidberichterstattung einen hohen Anstieg der Suizidrate in der Bevölkerung gab. Die stärksten Anstiege gab es in der ersten und dritten Woche nach der Selbsttötung. Insgesamt waren in den vier Untersuchungswochen 133 Suizide mehr zu verzeichnen und 40 Suizide mit ähnlicher Suizidmethode, als in diesem Zeitraum zu erwarten gewesen wäre. Die Studie zeigt, dass trotz Richtlinien und Empfehlungen zur Suizidberichterstattung, die Artikel sehr detailliert beschrieben wurden und das daraufhin ein dramatischer Anstieg der allgemeinen Suizidzahlen zu beobachten war (vgl. ebd. S. 152 ff.).

3.2 Stellenwert suizidpräventiver Medieneffekte in der deutschen Journalistenausbildung

Die Studie von Frehmann und Schäfer (2020) untersuchte anhand einer telefonischen Befragung von Leitern zentraler Organisationen, die an der Ausbildung externer Redakteure/innen beteiligt sind, welche Bedeutung die Suizidberichterstattung und die Effekte in Deutschland haben. Zu den wichtigsten Präventionsmaßnamen gehört eine verantwortungsvolle Art und Weise der Suizidberichterstattung in den Medien, denn diese kann die Entwicklung oder Verhinderung weiterer Selbstmorde beeinflussen. Doch wie schon oben beschrieben, lassen sich die journalistischen Ziele nicht strikt mit den Richtlinien der Suizidberichterstattung vereinbaren. Es lässt sich vermuten, dass der Zusammenhang zwischen den Suizidberichterstattungen und den möglichen Folgen im Lehrplan von angehenden Journalisten/innen nicht ausreichend behandelt wird (vgl. Frehmann & Schäfer 2020, S. 67).

Die Studie beschäftig sich damit, ob Journalisten/innen in Deutschland überhaupt das Thema „Medien und Suizide" in ihrer Ausbildung aufgreifen und in welchem Zusammenhang und mit welchen Inhalten es behandelt wird (vgl. Frehmann & Schäfer 2020, S. 67 ff.). Um diese Fragen zu beantworten, wurden Leitende von zentralen Einrichtungen der außenredaktionellen Journalistenausbildung in Deutschland per Telefon befragt. Insgesamt waren es 20 Universitäten, 36 Hochschulen, sechs Akademien und zwölf Journalistenschulen, in denen sich mit dem Thema Journalismus beschäftigt wird. Die Befragung fand im Zeitraum vom 10.01 bis 04.02.2019 statt und es wurden 67 Ansprechpartner/innen erreicht, die einen teilstandardisierten Fragebogen ausfüllen sollten. Dabei wurde zunächst nach der Rolle der Suizidberichterstattung in der jeweiligen Bildungseinrichtung gefragt und um anschließend festzustellen, ob die Wirkungseffekte im Lehrplan enthalten sind. Hierbei waren der Werther-Effekt und der

Papageno-Effekt von Bedeutung. „Der Werther-Effekt (Papageno-Effekt) beschreibt das Ansteigen (Absinken) von Suizidzahlen nach Medienberichterstattung über Suizide." (Frehmann & Schäfer 2020, S. 79).

Die Analyse der Ergebnisse ergab, dass 48 von 67 Bildungseinrichtungen das Thema Suizidberichterstattung aufgreifen. Bei 17 Angeboten steht es fest im Lehrplan, bei 31 Angeboten wird es nur unregelmäßig behandelt. Bei dem Inhalt Wirkungseffekt behandeln 24 Einrichtungen den Werther-Effekt und 28 befassen sich gar nicht damit. Der Papageno-Effekt wird dagegen nur in vier Bildungsangeboten gelehrt. Weniger als die Hälfte spricht das Thema Suizidberichterstattung in Seminaren oder Vorlesungen wie z.B. Medienethik an. 11 Bildungsangebote vermitteln an die Studierenden konkrete Anweisungen, wie über das Thema Selbstmord berichtet werden sollte. In neun Fällen wurden aktuelle oder öffentliche Beispiele zu dem Thema behandelt, wie beispielsweise der Suizid von Robert Enke. Nur fünf Bildungseinrichtungen lehren die Auszubildenden die besondere Verantwortung mit diesem Thema (vgl. ebd. S. 79 f.).

Zusammenfassend lässt sich daraus schließen, dass die Bildungsangebote in Deutschland vor allem Verantwortungs- und Fachkompetenzen vermitteln. Bei der Art der Vermittlung des Themas, handelt jede Journalistenschule anders. Einige greifen das Thema gar nicht in ihrem Lehrplan auf und andere vermitteln es mit theoretischen und praktischen Hinweisen. Aber von einer einheitlichen Belehrung hinsichtlich der Suizidberichterstattung kann noch lange nicht gesprochen werden (vgl. Frehmann & Schäfer 2020, S. 79 ff.).

3.3 Zug-Suizid von Robert Enke und Auswirkung auf spätere Häufigkeit von Zug-Suiziden

In dieser Studie untersuchten Ladwig, Kunrath, Lukaschek und Baumert (2012) die Auswirkung des Selbstmordes des bekannten Torwartspieler Robert Enke auf die Häufigkeit der nachfolgenden Eisenbahn-Selbstmorde in Deutschland. Robert Enke nahm sich am 10.11.2009 das Leben, indem er vor einen Zug sprang. Diese Nachricht war ein großer Schock für die Bevölkerung und vor allem für die Fußballfans. Die Trauerfeier, die in seinem Heimstadium stattfand, wurde in den Medien übertragen, sodass fast zwei Millionen Zuschauer/innen mittrauerten konnten.

So eine umfangreiche Suizidberichterstattung über Suizide von bekannten Personen kann einen Werther-Effekt in der Bevölkerung auslösen. Daher befasst sich diese Studie mit den Auswirkungen der Medienberichterstattung über den Suizid von Robert Enke (vgl. Ladwig, Kunrath, Lukaschek, Baumert 2012, S. 194).

Für die Untersuchung wird das nationale Zentralregister aller Personenunfälle im Kontext der Deutschen Bahn AG aufgegriffen, welche das gesamte deutsche Gleisnetz abdeckt. Aus diesem Register wurde die tägliche Häufigkeit von Selbstmordhandlungen definiert als „vorsätzliche Selbstverletzung durch Springen oder Liegen vor einem sich bewegenden Objekt". Außerdem wurde ein tödlicher Suizid als „Tod innerhalb von 30 Tagen" definiert. Die Nachtzeit in den Sommermonaten wurde festgelegt zwischen 21 Uhr und 6 Uhr und in den Wintermonaten zwischen 18 Uhr und 6 Uhr. Zudem wurden die durchschnittlichen Tagestemperaturen aus der Datenbank des Deutschen Wetterdienstes entnommen (vgl. ebd. S. 194).

Um den Einfluss der Inzidenz vom 10.11.2009 auf die Zahl der Suizidhandlungen bewerten zu können, wurden zwei Vergleiche gezogen. Erstens verglich man den Zeitraum ab dem ersten Tag nach dem Suizid von Robert Enke bis zum Jahresende (Indexzeitraum) mit dem gleichen Zeitraum der drei vergangenen Jahre (Kontrollzeitraum). Und Zweitens wurde die Inzidenz der letzten 28 Tage vor und nach der Tat verglichen (vgl. ebd. S. 195).

Das Ergebnis der Untersuchung war, dass der Suizid von Robert Enke die Zahl der Eisenbahn-Selbstmorde in dem Untersuchungsraum fast verdoppelte. Dieser Anstieg wurde nicht durch die Tageszeit, den Ort oder den Todesfall des Selbstmordes modifiziert. In den letzten drei Jahren (Kontrollzeitraum) gab es in diesem Zeitraum insgesamt 310 Eisenbahn-Suizide und 2009 waren es 188. Der Vergleich der Zahl der Eisenbahn-Suizide im Indexzeitraum mit dem gesamten Kontrollzeitraum zeigte, dass der Prozentsatz der Selbsttötungen insgesamt um 81% anstieg. Die Mehrheit der Selbstmorde ging tödlich aus, traten nachts auf und waren auf freier Strecke. Der 2. Vergleich zeigt, dass 53 Suizide in den letzten 28 Tagen stattfanden und 121 nach der Tat. Dies ist eine prozentuale Veränderung von 117,2% und bedeutet, dass die Fallzahlen nach dem Tod von Robert Enke erheblich gestiegen sind (vgl. Ladwig, Kunrath, Lukaschek, Baumert 2012, S. 195 f.).

Zusammenfassend kann gesagt werden, dass die Häufigkeit von Eisenbahn-Suiziden in Deutschland nach dem Selbstmord des Torwarts Robert Enke in Untersuchungszeitraum dieser Studie deutlich gestiegen ist. Dies deutet darauf hin, dass ein Selbstmord von prominenten Personen zu einem Nachahmungsverhalten in unvorhergesehen Ausmaß führen kann. Die Ergebnisse zeigen, dass die Anzahl der Medienberichterstattungen ein Schlüssel zum Auslösen von Nachahmungen sein kann (vgl. Ladwig, Kunrath, Lukaschek, Baumert 2012, S. 195 f.).

3.4 Untersuchung von Suizidberichterstattung und deutscher Suizidrate

Die Studie von Ruddigkeit (2010) beschäftigt sich mit dem Zusammenhang von Suizidberichterstattungen der Jahre 2001 bis 2003 und die Effekte auf die Suizidrate in Deutschland. Insgesamt wurden 140 Berichterstattungen aus überregionalen Zeitschriften inhaltsanalytisch erfasst und quasi-experimentell geprüft (vgl. Ruddigkeit 2010, S. 253). Dazu stellte Ruddigkeit zwei Hypothesen auf: Erstens, wenn über Suizide berichtet wird, steigt die Suizidrate unmittelbar nach der Berichterstattung und zweitens, Suizide in bestimmten Bevölkerungsgruppen steigen stärker an bei Suizidberichten über demografisch ähnliche Personen als bei Suizidberichten über unähnliche Personen. Die erste Hypothese lehnte sich an der Aussage von Phillips an, der behauptete, dass alle Suizidfälle in der Presse zu einem Effekt führen. Die zweite Hypothese steht im Bezug zu Banduras Idee der Ähnlichkeit zwischen Beobachter/in und Modell. Neben den Hypothesen soll noch eine Forschungsfrage beantwortet werden, die da lautet: Welche Typen von Suizidberichterstattung lassen sich differenzieren und welchem Einfluss haben sie auf die Suizidrate? (vgl. Ruddigkeit 2010, S. 258).

Es gab insgesamt 25 Personen je Experimentalgruppe, wobei die Suizidberichte die unabhängige Variable war und die Anzahl der amtlich registrierten Selbstmorde in den Tagen vor und nach den Selbstmordberichten die abhängige Variable. Mithilfe einer standardisierten Inhaltsanalyse von überregionalen Tageszeitungen wurden 143 Suizidberichterstattungen mit Mitteilungen von mehr als 170 Suizidenten identifiziert. Den Codierern wurde aufgetragen, dass sie spontane Empfindungen wie beispielsweise Sympathie oder Schuldzuschreibung zu dem Suizidmodell angeben sollten. Für die Forschungsfrage wurden vorab vier Kriterien festgelegt, die dazu beitragen, dass der Suizid von Journalisten/innen veröffentlicht wird: 1. Spekulative Methode, 2. Versuch dabei andere Menschen auch zu töten, 3. Späte Entdeckung der Leiche oder 4.

Involvierter Prominenter (vgl. ebd. S. 259 f.). Für die quasi-experimentelle Untersuchung wurden zwei Gruppen eingeteilt. Einerseits ging es um das Vorhandensein der Medienberichterstattung über Suizide in der Vorwoche (Kontrollwoche) und in der Folgewoche (Experimentalgruppe) und anderseits um den Vergleich nach Ähnlichkeit zwischen den Bürgern und dem Berichterstattungsmodell (vgl. ebd. S. 261).

Die Analyse der Ergebnisse ergab, dass die erste Hypothese nicht beständig ist, denn über 50% der Berichterstattungen über Selbstmorde zeigten keine sichtbare Wirkung auf die Suizidrate der allgemeinen Bevölkerung. Die zweite Hypothese konnte nur bei jungen Männern im Alter von unter 25 Jahren nachgewiesen werden. Die Forschungsfrage wurde mit einer Two-Step-Cluster-Analyse untersucht, die die Typen Junges Opfer, Vage Prominenz, Konspirative Umstände und Anonymer Täter untersucht haben. Bei der Berichterstattung junges Opfer (n=27) handelte es sich um Personen unter 30 Jahren. Die Bewertungstendenzen waren neutral bis positiv-mitfühlend und die Person wurde als Opfer erlebt. Es wurde hier aber kein Einfluss der Berichterstattung auf die Suizidrate in Deutschland festgestellt. Der zweite Typ vage Prominenz (n=24) setzte sich aus Berichterstattungen von bekannten Personen oder Beteiligten zusammen. Auch hier war die Bewertungstendenz neutral bis positiv-mitfühlend. Bei diesem Typ war ein deutlicher Anstieg der Suizidrate in der Bevölkerung erkennbar, sodass man hier von dem klassischen Werther-Effekt sprechen konnte. Der dritte Typ Konspirative Umstände (n=53) bedeutete, dass die Suizidenten und ihre Lebensumstände unbedeutender sind. So ein Suizid steht oft im Kontext eines politischen oder rechtlichen Themas. Die Bewertungstendenz war neutral und dieser Cluster hat keinen bedeutsamen Einfluss auf die allgemeine Suizidrate. Der letzte Typ Anonyme Täter (n=36) wie beispielsweise Amokläufer brachte wenig Sympathie und Nachvollziehbarkeit auf und die Bewertungstendenz war überwiegend negativ. Der Cluster zeigte, dass sich die deutsche Suizidrate nach der Berichterstattung sogar verringerte. Somit konnte man hier von einem umgekehrten Werther-Effekt oder Papageno-Effekt sprechen (vgl. Ruddigkeit 2010, S. 261 ff.).

Zusammengefasst lässt sich sagen, dass eine Suizidberichterstattung in den Medien nicht immer eine Wirkung auf die Suizidrate in der allgemeinen Bevölkerung hat. Bezüglich der Ähnlichkeit des Modells ist dies bei jungen Männern eher nachgewiesen worden.

Die Cluster-Analyse zeigte, dass insbesondere vage Prominentenberichte zu einem signifikanten Anstieg der allgemeinen Suizidrate führten (vgl. Ruddigkeit 2010, S. 271).

4. Fazit

Die Studien zeigen, dass die damaligen Auswirkungen des Romans von Goethe und der danach benannte Werther-Effekt heute noch eine hohe Relevanz für die Suizidberichterstattung hat. Es gibt einige Faktoren, die die Nachahmung und Enthemmung verstärken können (vgl. Bandura 1976, S. 14). Ein wichtiger Faktor ist die Ähnlichkeit zwischen dem Modell und dem/der Beobachter/in. Durch die Ähnlichkeit soll deshalb auf detaillierte Angaben zum Suizidort, der Suizidmethode, zur biologischen und sozialen Identität und Bewertung des Suizides in den Medien verzichtet werden. Der Suizid sollte so abstrakt beschrieben werden, dass es kein Anschauungsmaterial mehr aufweisen kann (vgl. Ziegler & Hegerl 2002, S.44 ff.).

Die erste Studie zeigte aber, dass trotz Richtlinien zur Berichterstattung über Suizide, die Artikel sehr detailliert und umfangreich beschrieben wurden und daher ein Anstieg der Suizidzahlen in der Bevölkerung zu beobachten war (vgl. Schäfer & Quiring 2013, S. 152 ff.) In der zweiten Studie fanden Frehmann und Schäfer heraus, dass es noch keine einheitliche Belehrung zur verantwortungsvollen Suizidberichterstattung und zu dem Werther-Effekt in den Bildungseinrichtungen in Deutschland gibt (vgl. Frehmann & Schäfer 2020, S. 79 ff.). Die Forscher der dritten Studie untersuchten die Auswirkungen des Zug-Suizides von Robert Enke und stellten fest, dass die Zahl der Nachahmungstaten nach dem Suizid in Deutschland deutlich anstieg (vgl. Ladwig, Kunrath, Lukaschek, Baumert 2012, S. 195 f.). Die letzte Studie untersuchte auch den Zusammenhang zwischen Suizidberichterstattung und Anstieg der Suizidrate und entdeckte, dass vor allem Suizide von Prominenten einen Werther-Effekt auslösen (vgl. Ruddigkeit 2010, S. 271).

Zusammenfassend lässt sich aus den vier Studien schließen, dass in Hinblick auf den Werther-Effekt und seine Auswirkungen noch viel gemacht werden sollte, damit in Zukunft die allgemeine Suizidrate nach einer Medienberichterstattung über dieses Thema nicht mehr so sehr ansteigen wird. In Deutschland wird bereits an einem Projekt von Psychiatern, Kommunikationswissenschaftlern und Journalisten für eine suizidpräventive Medienberichterstattung gearbeitet (vgl. Ziegler & Hegerl 2002, S. 48

Literaturverzeichnis

Bandura, A. (2000): Die Soziale-Kognitive Theorie der Massenkommunikation. In: Schorr, Angela (Hrsg.) Publikums- und Wirkungsforschung, Wiesbaden: Westdeutscher Verlag, S. 153-180.

Bandura, A. (1976): Lernen am Modell. Ansätze zu einer sozial-kognitiven Lerntheorie. 1. Auflage. Stuttgart: Ernst Klett Verlag.

Brosius, H., Ziegler, W. (2001): Massenmedien und Suizid: Praktische Konsequenzen aus dem Werther-Effekt. Communicatio Socialis 34, 9-29.

Döring, N. (2013): Wie Medienpersonen Emotionen und Selbstkonzept der Mediennutzer beeinflussen. Empathie, sozialer Vergleich, parasoziale Beziehung und Identifikation. In W. Schweiger & A. Fahr (Hrsg.), *Handbuch Medienwirkungsforschung*. Wiesbaden: Springer Fachmedien, S. 295-310.

Frehmann, K., Schäfer, M. (2021): Machen Werther und Papageno im deutschen Journalismus Schule? *Publizistik* 66, 67-87. https://doi.org/10.1007/s11616-020-00636-x.

Hipeli, E.; Süss, D. (2013): Werther, Soap Stars und Ego-Shooter-Helden: Das Einflusspotential medialer Vorbilder. In W. Schweiger & A. Fahr (Hrsg.), *Handbuch Medienwirkungsforschung*. Wiesbaden: Springer Fachmedien, S. 191-206.

Kiesel, A.; Koch, I. (2012): Beobachtungslernen - Lernen am Modell. In A. Kiesel und I. Koch (Hrsg.): *Lernen*. Wiesbaden: VS Verlag für Sozialwissenschaften.

Ladwig, K., Kunrath, S., Lukaschek, K., Baumert, J. (2012): The railway suicide death of a famous German football player: Impact on the subsequent frequency of railway suicide acts in Germany. Journal of Affective Disorders 136, 194-198. http://dx.doi.org/10.1016/j.jad.2011.09.044.

Phillips, D. (1974): The Influence of Suggestion on Suicide: Substantive and Theoretical Implications of the Werther Effect. American Sociological Review, 39(3), 340-354. https://doi.org/10.2307/2094294.

Ruddigkeit, A. (2010):   Der umgekehrte Werther-Effekt. *Publizistik* 55, 253-273.
https://doi.org/10.1007/s11616-010-0092-3.

Schäfer, M., Quiring, O. (2013):   Gibt es Hinweise auf einen „Enke-Effekt"? Die
Presseberichterstattung über den Suizid von Robert Enke und die Entwicklung der
Suizidzahlen   in   Deutschland.   *Publizistik*   58,   141-160.
https://doi.org/10.1007/s11616-013-0172-2poo3425p3425634522324.

Willems, H. (2008): Lehr(er)buch Soziologie. Für die pädagogischen und
soziologischen Studiengänge. Band 1. Wiesbaden: VS Verlag für
Sozialwissenschaften.

Ziegler, W., Hegerl, U. (2002):   Der Werther-Effekt. Bedeutung, Mechanismen,
Konsequenzen. *Nervenarzt* 73, 41-49. https://doi.org/10.1007/s115-002-8145-y.